CHAMBRE DE COMMERCE DE SAINT-ETIENNE

Direction du Banc d'Epreuve

RAPPORT

A MONSIEUR LE PRÉSIDENT DE LA CHAMBRE DE COMMERCE

SUR LA

FABRICATION DES CANONS

Pendant l'année 1870.

Monsieur le Président,

J'ai l'honneur de vous adresser le résumé ci-après de la fabrication des canons, à Saint-Etienne, pendant l'année 1870, en ce qui concerne l'Epreuve.

Pendant l'année 1870, il a été présenté à l'épreuve,

Savoir :

Canons doubles lisses.		23,049
Canons doubles vrais	tordus	6,160
	rubans	195
	fer étoffé	317
	moirés	140
	fougère	500
	damas	7,357

Canons simples lisses	8,918
— — vrais	667
Canons d'armes de guerre dits n° 1, ou transformés du système à silex au système à percussion	142,520
Paires de pistolets	23,398 1/2
Revolvers.	5,288

Sur ces quantités ont été refusés à la première visite,
    Savoir :

Canons doubles lisses	1,744
— vrais tordus	205
— — rubans	2
— — fer étoffé	»
— — moirés	»
— — fougère.	1
— — damas	34
Canons simples lisses.	612
— vrais.	32
Canons de guerre dits n° 1, ou transformés. .	327
Paires de pistolets	331
Revolvers	216

D'où il résulte que le nombre de canons soumis à l'épreuve s'élève,
    Savoir :

Canons doubles lisses.	21,305
— vrais tordus	5,955
— — rubans	193
— — fer étoffé	317
— — moirés	140
— — fougère.	499
— — damas	7,323

Canons simples lisses   8,306
  —   vrais   635
Canons de guerre dits n° 1 ou transformés. . 142,193
Paires de pistolets   23,233
Revolvers.   5,072

En résumé il a été soumis à l'épreuve :

Canons doubles   35,732
Canons simples   8,941
Canons de guerre 142,193
Paires de pistolets. 23,067 1/2
Revolvers.   5,073

La proportion pour cent des rebuts donne, dans chaque catégorie, les résultats suivants, avec la comparaison en regard du résultat de 1869.

	1870	1869
Doubles lisses	8,2	11,2
— tordus.	2,9	6,6
— rubans	0,5	4,1
— fer étoffé	2,5	2,3
— moirés	1,4	7,3
— fougère	0,6	2,9
— damas.	1,6	5,1
Simples lisses	6,4	6,9
— vrais	2,6	3,9
N° 1.	4,4	0,1
Pistolets.	2,4	3,7
Révolvers	0,03	0,02

Il ressort de la comparaison de la proportion des rebuts, entre les deux années 1870 et 1869, qu'il y a eu amélioration sensible dans les résultats de 1870, à l'exception des canons N° 1, ce qui d'ailleurs, pour ces derniers, est expliqué par l'épreuve à laquelle les canons transformés au système à percussion ont été soumis, qui a fait justice du défaut de solidité de la goupille rivée, pour boucher l'ancienne lumière, au lieu de la goupille filetée; car le plus grand nombre des rebuts à l'épreuve, pour les canons transformés, est provenu de cette cause; quelques uns toutefois ont été rebutés pour défaut de brasure de la masselotte, mais en fort petit nombre.

Enfin pour mettre à même d'apprécier, soit dans un sens soit dans l'autre, ce qui peut résulter de la variation de proportion pour cent des canons refusés à leur présentation à l'épreuve, cette proportion n'a été en 1870 que de 5,1 tandis que l'année précédente, dans les neuf derniers mois sous le régime du nouveau réglement, cette proportion a été de 7,4 (*Voir l'errata à la fin de la page* 14.)

Comme les années précédentes je terminai ce rapport en donnant, ci-après, par ordre alphabétique et par modèle de canons le relevé des comptes individuels avec la proportion pour cent des rebuts en 1870, et la même proportion, en regard, de l'année précédente,

Savoir :

CANONS DOUBLES LISSES.

	Nombre de canons soumis à l'épreuve en 1870.	Porportion p. 0,0 de rébuts.	Proportion de l'année précédente.
Berthéas.	124	8.9	6,4
Berthéas Jacques. .	260	5,7	10,1
Berthéas Jean . . .	173	12,1	13,7
Bruyère jeune . . .	54	3,7	5,0
Chapelon Emonet .	1,871	15,0	15,4
Chapelon-Tardy . .	33	0	12.5

	Nombre de canons soumis à l'épreuve en 1870.	Proportion p. 0/0 de rebuts.	Proportion de l'année précédente.
Chovet	31	3,2	13,0
Clair	4,929	7,2	10,2
Crepet	21	14,2	»
Digonnet fils	9	0	»
Dubessy	1,228	9,1	9,8
Dumas	42	7,1	11,0
Flachat Doron	148	6,7	»
Fournier frères	31	9,6	9,4
Fournier-Matrat	140	12,1	10,0
Grégoire	86	3,4	24,0
Heurtier-Piton	10	10,0	12,5
Heurtier Antoine	436	5,9	»
Heurtier J.-P.	940	8,9	10,9
Hiver	1,438	10,0	10,8
Jamet	1,516	4,5	7,2
Magère	1,537	7,5	13,3
Martel	47	6,3	»
Marssot	2,470	5,1	10,8
Marssot jeune	19	31,5	»
Michel	376	6,1	6,9
Oriol	976	7,3	5,7
Porte	794	11,2	36,3
Poulat	36	2,7	9,6
Perrier	83	7,2	»
Sauvinet-Cleret	203	12,8	12,5
Sauvinet (de Rochetaillée)	771	11,6	12,5
Servais	444	8,7	16,7

CANONS DOUBLES VRAIS.

	Nombre de canons soumis à l'épreuve en 1870.	Proportion p. 0/0 des rebuts en 1870.	Proportion des rebuts de l'année précédente.
Berthéas	378	1,0	4,7
Berthéas Jacques	22	0	20,0
Berthéas Jean	31	3,2	4,1
Berthet	62	0	4,3
Blachon aîné	559	1,6	2,3
Bonnet frères	734	3,9	3,6
Breuil	70	1,4	10,6
Bruyère Jeune	124	2,4	0
Canonier J.-B.	598	0,3	2,1
Chapelon-Emonet	467	2,3	7,3
Chapelon-Tardy	627	3,8	7,9
Chanut	1,261	0,6	1,7
Chambard	37	5,2	0
Clair	259	2,7	7,2
Couturier	76	7,7	12,2
Didier	138	0,7	5,1
Didier-Couturier	355	3,3	5,0
Doron	128	2,3	2,3
Doron Jourjon	23	0	0
Dubessy	484	2,6	4,5
Dumas	15	6,6	5,7
Flachat Joseph	182	1,0	3,3
Flachat-Massardier	277	0,7	3,2
Flachat-Doron	533	2,0	»
Fournier frères	566	4,7	2,5
Fournier-Matrat	46	2,1	9,8
Fournier-Varennes	41	0	»
Grégoire	115	2,6	0

	Nombre de canons soumis à l'épreuve en 1870.	Proportion p. 0/0 des rebuts en 1870.	Proportion des rebuts de l'année précédente.
Genevrier	1,379	2,0	3,9
Giry	91	0	0
Heurtier Antoine	185	2,7	»
Heurtier J.-P.	60	16,6	9,3
Heurtier-Piney	68	4,4	5,3
Hiver	65	6,1	3,1
Jamet	22	9,0	5,7
Javelle-Magand	236	0,8	4,2
Lallier fils	50	4,0	3,5
Magère	7	0	0
Martel	67	0	5,3
Marssot jeune	155	2,5	»
Massardier-Poulat	76	0	1,0
Massardier-Genevier	9	0	»
Merley-Delmont	40	2,5	5,3
Oriol	10	0	«
Picot	134	3,7	0,6
Pirodon	76	2,6	1,9
Poulat	706	1,8	5,0
Poulet	350	0	3,4
Rolly	180	3,8	7,7
Ronchard	384	1,0	1,1
Sauvinet-Cleret	605	1,0	4,0
Seive François	209	2,8	4,0
Seive Jean	339	3,2	6,0
Servanton	36	0	1,8
Servais	397	4,0	13,6
Sidoux	102	0,9	2,4

CANONS SIMPLES LISSES.

	Nombre de canons soumis à l'épreuve en 1870.	Proportion p. 0/0 des rebuts en 1870.	Proportion des rebuts de l'année précédente.
Berthéas． ． ． ． ． ．	25	4,0	0
Berthéas Jacques． ．	101	0	1,2
Bruyère． ． ． ． ． ．	79	3,7	6,6
Canonier J.-B ． ． ．	37	0	0
Chaleyer． ． ． ． ． ．	59	1,6	»
Chapelon Emonet． ．	514	7,0	4,8
Chapelon Tardy ． ．	7	0	25,0
Chovet ． ． ． ． ． ．	171	12,2	4,5
Clair ． ． ． ． ． ．	2,634	7,1	2,6
Clauzier． ． ． ． ． ．	116	1,7	10,0
Crepet． ． ． ． ． ．	149	6.7	3,6
Didier-Couturier ． ．	9	0	»
Doron ． ． ． ． ． ．	8	12,5	»
Dubessy． ． ． ． ． ．	88	2,2	1,8
Durieux ． ． ． ． ． ．	15	20,0	40,0
Fournier frères ． ．	876	6,8	5,3
Guiosson jeune． ． ．	10	15,3	»
Heurtier J.-P． ． ． ．	175	9,0	7,5
Hiver ． ． ． ． ． ．	40	0	5,0
Jamet． ． ． ． ． ．	64	6,2	4,6
Lionnet ． ． ． ． ． ．	17	0	0
Magère ． ． ． ． ．	331	5,7	10,1
Marssot ． ． ． ． ． ．	1,198	3,5	4,5
Merley Claude ． ． ．	6	16,6	»
Porte ． ． ． ． ． ．	1,490	9,5	9,2
Sauvinet-Cleret ． ．	6	0	0
Sauvinet (de Rochetaillée ． ． ． ． ．	5	0	100,0
Servais ． ． ． ． ． ．	21	4,7	»

CANONS SIMPLES VRAIS.

	Nombre de canons soumis à l'épreuve en 1870.	Proportion p. 0/0 de rebuts en 1870.	Porportion des rebuts de l'année précédente.
Blachon aîné	120	0	0,2
Bonnet frères	81	1,1	8,0
Canonier J.-B.	15	6,6	0
Challet	15	0	0
Chapelon-Emonet	21	0	3,3
Chanut	18	0	0
Clair	18	0	6,6
Chaleyer	27	0	»
Didier	9	0	7,6
Didier-Couturier	6	0	15,3
Doron	6	0	57,1
Dubessy	26	3,8	11,1
Doron-Jourjon	19	5,2	0
Escoffier	24	0	»
Flachat-Massadier	16	0	0
Flachat-Doron	8	0	0
Fournier frères	30	3,3	3,8
Genevrier	6	0	0
Guiosson jeune	3	0	»
Giry	4	0	»
Heurtier Piney	5	0	»
Hiver	6	0	»
Lallier fils	7	42,8	0
Marssot	12	8,3	33,3
Pouflat	18	15,7	0
Rolly	4	25,0	0

	Nombre de canons soumis à l'épreuve en 1870.	Proportion p. 0/0 de rebuts en 1870.	Proportion des rebuts de l'année précédente.
Ronchard	18	0	»
Sauvinet-Cleret	16	0	17,6
Seive François	5	0	0
Seive Jean	3	0	«
Servais	23	0	0
Sidoux	3	0	0

CANONS DE FUSILS DE GUERRE DITS N° 1, OU TRASFORMÉS DU SYSTÈME A SILEX, AU SYSTÈME PERCUTANT.

	Nombre de canons soumis à l'épreuve en 1870.	Proportion p. 0/0 des rebuts en 1870.
Bonnet frères	18	0
Bory	25	4,0
Berger	5	0
Boitard Paul	20	0
Boissy	3	33,3
Challet	3	0
Chapelon	11	»
Clair	107	21,4
Chaleyer	172	6,3
Charain	2	0
Canonier-Buferne	227	0,8
Courbon	2	0
Commission d'armement national	105,625	5,0
Escoffier	35,053	2,6
Fournier frères	37	2,7
Flachat Jérome	6	0
Gaucher	35	5,7
Gravier	3	0

	Nombre de canons soumis à l'épreuve en 1870.	Proportion p. 0/0 de l'année en 1870.
Hiver	14	0
Lasablière	5	0
Maguin	12	0
Offray	3	0
Picot	12	16,6
Poulet Jean	4	0
Paret	6	0
Peyron	2	0
Rivolier	335	2,0
Rousset	10	0
Roussotte	5	0
Turban	3	0
Thivet	4	0
Tamet	2	50,0
Vanel	72	1,3
Vernet-Caron	2	0

CANONS DE PISTOLETS

	Nombre de paire soumis à l'épreuve en 1870.	Proportion de rebuts p. 0/0 en 1870.	Proportion de rebuts l'année précédente.
Berjat	292	1,7	6,3
Boissy	834 1/2	0,8	2,0
Blachon aîné	65	0	»
Chanut	2	0	»
Chazot	13	7,6	21,8
Clair	3	0	8,1
Colard	1,822	2,1	9,3
Digonnet fils	1,635	1,1	3,5

	Nombre de paire soumis à l'épreuve en 1870.	Proportion de rebuts p. 0/0 en 1870.	Proportion de rebuts l'année précédente.
Durieux	2,322	2,0	2,5
Fayard	355	1,1	0,4
Faure	344	1,4	5,0
Faure Claude	28	1,7	0
Fournier frères	4 1/2	0	13,4
Gayet	298	4,8	3,2
Gelly	50 1/2	2,0	»
Genevrier	3 1/2	0	0
Givre	48	8,3	2,4
Gonnon	75	26,0	0
Gouilloux	395	0,9	2,4
Gouisson jeune	19	0	0
Granger	45 1/2	1,0	5,2
Heurtier J.-P.	4	0	»
Hiver	117	7,6	»
Languit	6,977	3,9	5,5
Lionnet	3,347	1,5	3,3
Marssot	22 1/2	4,4	33,3
Maguin	3	0	»
Odé	2	0	»
Pascal	1,851 1/2	1,4	2,1
Perrier	570	2,1	0
Plot	66	3,0	2,9
Poulat	16 1/2	0	»
Rivat	81 1/2	3,6	»
Ronchard	3	0	»
Rochat père	4	0	»
Terrasse	365	0,8	1,7
Vincent	1,176	1,1	2,0

PISTOLETS REVOLVERS

	Nombre soumis à l'épreuve.	Proportion de rebuts p. 0/0.
Barbier.	366	0
Berger	7	0
Berthéas-Chapelon	6	0
Boitard Paul.	315	0
Bonavion	10	0
Déchaurain	8	0
Déchaudon	5	0
Duc	3	0
Escoffier	97	0
Eyraud	320	0
Flachat Jérôme	152	0
Gaucher	34	0
Girel	11	0
Gonnon.	405	0
Javelle frères	432	0,4
Maguin.	33	0
Martinier.	27	0
Michalon	78	0
Pevel.	22	0
Peyron	16	0
Ponsonnard.	4	0
Rochat père,	405	0
Rochat fils	6	0
Ronchon	44	0
Romeyer.	19	0
Terrasse	9	0
Verney-Caron	9	0
Voytier.	2,246	0

Le pavage, et par suite l'abaissement du sol de la grande rue de L'Heurton, en obligeant à la suppression du grand portail du bâtiment sur cette rue, a donné lieu à des modifications dans les dispositions intérieures des batiments. On en a profité pour permettre, par un accroissement de personnel, de donner un plus grand développement au travail, quand la circonstance se présente.

Le magasin à poudre a été assaini par une ventilation reconnue indispensable.

Saint-Etienne, le 21 janvier 1871.

Le Directeur,

TROUSSEL.

Errata :

	Canons soumis à l'épreuve.	Rebuts.	Proportion p. 0/0 en 1870.	Proportion p. 0/0. en 1869.
Doubles.	35,732	2,065	5,7	7,9
Simples	8,941	545	6,0	6,6
N° 1 canons de guerre. . . .	142,193	6,269	4,4	0,2
Paires de pistolets	23,067 ½	574	2,4	3,0
Revolvers. . . .	5,072	2	0,03	0,02
	215,005 ½	9,455	4,3	5,7

Saint-Etienne, imprimerie veuve THÉOLIER et Cⁱᵉ.

www.ingramcontent.com/pod-product-compliance
Lightning Source LLC
Chambersburg PA
CBHW071444060426
42450CB00009BA/2296